Dominik Conrad

Strategische Marketingplanung. Veränderung der Corporate Identity von Unternehmen

Digitalisierung in der Fitness- und Gesundheitsbranche

GRIN Verlag

GRIN - Your knowledge has value

Der GRIN Verlag publiziert seit 1998 wissenschaftliche Arbeiten von Studenten, Hochschullehrern und anderen Akademikern als eBook und gedrucktes Buch. Die Verlagswebsite www.grin.com ist die ideale Plattform zur Veröffentlichung von Hausarbeiten, Abschlussarbeiten, wissenschaftlichen Aufsätzen, Dissertationen und Fachbüchern.

Besuchen Sie uns im Internet:

http://www.grin.com/

http://www.facebook.com/grincom

http://www.twitter.com/grin_com

Deutsche Hochschule für
Prävention und Gesundheitsmanagement

Einsendeaufgabe

Fachmodul: Marketing II

Studiengang: Fitnessökonomie

Name, Vorname: Conrad, Dominik

Inhaltsverzeichnis

1 PREISMANAGEMENT UND KOOPERATIONEN 3

1.1 Preiselastizität der Nachfrage 3

1.2 Preisbildung 3

    1.2.1 Anlässe der Preisbildung 3

    1.2.2 Kostenorientierte Preisbildung 4

    1.2.3 Konkurrenzorientierte Preisbildung 4

2 STRATEGISCHE ANALYSEMETHODEN 4

2.1 Five-Forces-Modell 4

2.2 Durchführung einer SWOT-Analyse 6

2.3 Erstellung einer SWOT-Matrix 7

2.4 BCG-Portfolio und Produktlebenszyklus 8

2.5 Fazit 8

3 CORPORATE IDENTITY 9

3.1 Interview-Analyse 9

    3.1.1 Anzeichen, dass es bei Fitness First eine Überarbeitung der Corporate Identity gegeben hat .. 9

    3.1.2 Gründe für eine neue Ausrichtung der Corporate Identity 9

    3.1.3 Weitere Unternehmen, die eine Veränderung der Corporate Identity vorgenommen haben ... 10

3.2 Marktstrategien 11

    3.2.1 Wettbewerbsstrategien 11

    3.2.2 Strategien nach der Produkt-Markt-Matrix nach Ansoff 11

4 DIGITALISIERUNG IN DER FITNESS- & GESUNDHEITSBRANCHE ... 12

5 LITERATURVERZEICHNIS 13

6 TABELLENVERZEICHNIS 15

1 Preismanagement und Kooperationen

1.1 Preiselastizität der Nachfrage

Der Mitgliederbestand betrug im Januar 2017 2700 Mitglieder, bei einem Beitrag von monatlich 40,90€. Bei einer Preiserhöhung, auf einen Betrag von 45,90€ (Erhöhung um 5,00€), wird mit einem Mitgliederrückgang, auf 2400 Mitglieder (300 abgewanderte Mitglieder), gerechnet.

Die Preiselastizität der Nachfrage (E) wird wie folgt berechnet:

E = Änderung der Menge in % / Änderung des Preises in %
Änderung der Menge (Mitgliederrückgang) = (2400*100) / 2700 = -11,11%
Änderung des Preises = (45,90€*100) / 40,90€ = 12,22%
E = -11,11% / 12,22% = |-0,9| > 1 = unelastisch

Die Preiselastizität ist unelastisch, das bedeutet, dass eine 1-prozentige Preisänderung, eine weniger als 1-prozentige Änderung der Menge (Mitgliederrückgang) bewirkt. Aus dieser Sicht wäre die Preiserhöhung in Ordnung. Es würden nicht zu viele Mitglieder abwandern.

Betrachtet man jedoch den Umsatz durch Mitgliedsbeiträge pro Monat (40,90€*2700=110.430; 45,90€*2400=110.160), so sieht man, dass eine leichte Verminderung des Umsatzes eintreten würde. Somit wäre die Preiserhöhung nicht empfehlenswert.

1.2 Preisbildung

1.2.1 Anlässe der Preisbildung

Der Anlass der Preisbildung ist im Fall des Unternehmens X&Y Health GmbH die Markterschließung. Das Unternehmen möchte durch Markterschließung das Firmenwachstum antreiben, indem es die Eröffnung weitere Anlagen auf dem deutschen Markt plant.

Die Produkt- und Leistungsstrategie, welches das Unternehmen anwendet, ist die Marktentwicklung. Das Unternehmen möchte bestehende Leistungen (ihre Anlagen/Clubs) auf neuen Märkten (im Rest des deutschen Marktes) etablieren. Dies erreicht das Unternehmen, in dem es Studios Im Norden und Osten Deutschlands etabliert.

1.2.2 Kostenorientierte Preisbildung

Mitgliedsbeitrag = variable Kosten (pro Person/Monat) + (fixe Kosten / Mitgliederanzahl)

Fixe Kosten = 650.000€ (netto)

Variable Kosten = 8,50€ pro Person pro Monat (netto)

Mitgliederanzahl (erwartet) = 2.8000 Mitglieder

Mitgliedsbeitrag = 8,50€ + ((650.000€ / 12 Monate) / 2.800 Mitglieder)

Mitgliedsbeitrag = 8,50€ + 19,35€ = 27,85€ (netto)

Gewinnaufschlag (15%) = 27,85€ x 0,15 = 4,18€

Preis mit Gewinnaufschlag = 27,85€ + 4,18€ = 32,03€

Mitgliedbeitrag brutto = 32,03€ * 1,19 (19% Umsatzsteuer) = 38,12€

Der Mitgliedsbeitrag (brutto) beträgt, nach der kostenorientierten Preisbildung, 38,12€ pro Monat.

1.2.3 Konkurrenzorientierte Preisbildung

Im Rahmen der konkurrenzorientierten Preisbildung, sollte sich das Unternehmen nicht an den Preis des Konkurrenten anpassen und den Preis beibehalten. Aus Sicht der Kunden könnte dies mit einer Verminderung der Qualität verbunden werden. Sinnvoller wäre, eine Qualitätsführerschaft anzustreben. Dabei sollte (der schon gut ausgebaute) Service weiter verbessert werden und auch bestens vermarktet werden, um als „Aushängeschild" des Studios zu fungieren. Die meisten Kunden wissen, dass es unterschiedliche Studios mit unterschiedlichen Preisen gibt. Die Kunden, die wirklich Wert auf Qualität, also gute Betreuung und guter Service, legen, sind auch bereit einen höheren Preis dafür zu bezahlen.

2 Strategische Analysemethoden

2.1 Five-Forces-Modell

Nach dem Five-Forces-Modell wirken auf jedes Unternehmen 5 Kräfte. Folgend wird dieses Modell auf das Unternehmen Freeletics angewendet.

- Einfluss der Kunden: Die Kunden haben eine gewisse Verhandlungsstärke. Sie können prinzipiell die Produkte kaufen, oder nicht. Bei der Freeletics App gibt es auch einen kostenlosen Anteil. Hier ist die Verhandlungsstärke der Abnehmer/Kunden sehr hoch, da sie einfach zu einer ähnlichen kostenlosen App wechseln könnten.

- Einfluss von Ersatzprodukten: Auf dem App-Markt gibt es einige ähnliche Produkte. Jedoch hat Freeletics durch seinen enormen Bekanntheitsgrad und ihr einzigartiges System, welches ständig weiterentwickelt wird, nicht viele Konkurrenten. Größer Konkurrent ist Runtastic. Kunden, die kein Geld ausgeben möchten, können auf komplett kostenfreie Apps zurückgreifen, welche aber keinen „individuellen Coach" anbieten. Ein richtiger Personal Trainer wäre ein Ersatzprodukt für den Coach, jedoch ist dieser natürlich viel teurer, als das Angebot der App. Außerdem versucht Freeletics durch neue Innovationen (Freeletics Gym/Running/Nutrition Coach) die Zielgruppe stetig zu vergrößern und seinen Marktanteil zu erweitern.

- Einfluss durch Zulieferer: In Bezug auf die App wirkt auf das Unternehmen keine Kraft durch Zulieferer. Jedoch verkauft das Unternehmen auch Sportbekleidung und Zubehör im Shop. In diesem Zusammenhang könnten Zulieferer Einfluss auf Freeletics haben, zum Bespiel durch Veränderung des Einkaufspreises der Bekleidung.

- Eintritt potenzieller Mitbewerber: Auch wenn die Branche stetig wächst und immer mehr kleinere Unternehmen dazu kommen, scheint ein Eintritt von neuen Mitbewerbern in diesem Segment sehr schwer. Freeletics ist bekannt als die Marke schlechthin, für Training mit dem eigenen Körpergewicht. Durch Millionen von Nutzern weltweit wird das Unternehmen stetig bekannter. Außerdem versucht das Unternehmen, durch die Aufstellung mehrerer Apps in verschiedensten Bereichen, den Fitness- und Gesundheitsmarkt größtmöglich abzudecken. Somit scheint ein Aufstieg potenzieller Mitbewerber in dieser Nische sehr schwierig.

- Mitbewerber Rivalität: Mitbewerber, die mit Freeletics mithalten können, gibt es fast keine. Das Unternehmen hat seine eigene Markenidentität erschaffen, groß gemacht und verbreitet sich durch Millionen von begeisterten Nutzern immer weiter. Einziger Konkurrent, stellt die App Runtastic dar. Dabei handelt es sich jedoch um eine App, welche vor allem für Jogging und ähnliche Aktivitäten ausgerichtet ist. Runtastic ist ein Tochterunternehmen von Adidas und konnte 2017 110 Millionen Nutzer aufweisen (OÖ. Online GmbH & Co.KG., 2017). Freeletics hingegen ist vor allem bekannt durch Bodyweight-Training.

2.2 Durchführung einer SWOT-Analyse

Strength/Stärken:

- Sehr gute Rezessionen/Empfehlungen in den App Stores (Freeletics GmbH, 2019): Auf der Homepage sind die Awards „App des Tages" und „Empfehlung der Redaktion" zu sehen, mit denen Freeletics auch wirbt.
- Aktuell 31 Millionen User der App (Freeletics GmbH, 2019): Dass die App so viele User hat, ist eine große Stärke. Die große Reichweite hängt auch eng mit dem vielfältigen Portfolio der Produkte (viele unterschiedliche Apps) zusammen.
- Eigene Community mit Blogs und Erfolgsgeschichten (Freeletics GmbH, 2019): Das Unternehmen hat seine eigene Community aufgebaut. Auf der Website gibt es unzählige Blogs zum Thema Training, Lifestyle und Ernährung. Geziert wird dies zusätzlich durch Transformationsbilder der User, die potenzielle Nutzer anregen sollen.

Weaknesses/Schwächen:

- Freeletics verfolgt die Nischenstrategie. Die Apps werden ausschließlich digital angeboten und es gibt keine persönliche („reale") Beratung/Betreuung.
- Trotz der vielen verschiedenen Apps, spricht Freeletics eher die Zielgruppe der jüngeren und gesunden Menschen an. Leute mit gesundheitlichen Problemen, oder auch ältere Menschen, werden nicht oder kaum angesprochen.
- Keine Organisation von gemeinsamen Trainings oder ähnlichen Veranstaltungen, an denen sich Nutzer persönlich treffen und austauschen können.

Opportunities/Chancen:

- Das Unternehmen versucht stetig neue Sprachen zu integrieren und dadurch das Produkt internationaler zu machen (Freeletics GmbH, 2019).
- Immer mehr Leute in Deutschland benutzen Smartphones. Anfang 2018 sind es 57 Millionen Menschen (Statista GmbH, 2018). Da Freeletics ausschließlich digitale Inhalte anbietet, kommt dies dem Unternehmen zugute.
- Insgesamt wirkt das Unternehmen, eher auf Männer ausgerichtet zu sein. Daher scheint noch sehr viel Potenzial für weibliche Nutzer (Beispiel: Freeletics Lady App) vorhanden zu sein.

Threats/Risiken:

- Stärkster Konkurrent (Runtastic) versucht sich immer mehr in Richtung Freeletics zu entwickeln. Das Unternehmen bietet nun auch schon Übungen für den Bereich

Bodyweight/Gym (Runtastic GmbH, 2019). Daher droht hier eine Gefahr durch Verdrängung vom Markt.
- Immer mehr Kunden legen Wert auf ausgebildete Trainer und eine gute Betreuung. (Arbeitgeberverband deutscher Fitness- und Gesundheitsanlagen [DSSV], 2018)
- Fitnessstudios, vor allem Discounter, werden immer günstiger. Im Zuge dieser Entwicklung wird sogar schon ein Studio, in welchem man kostenlos trainieren kann, erbaut (Tuma, 2017).

2.3 Erstellung einer SWOT-Matrix

Tab. 1: SWOT-Matrix Freeletics

	Chancen (Opportunities)	Risiken (Threats)
Stärken (Strength)	S-O-Strategien: - Das gute Image (Rezessionen, Erfolgsgeschichten) vermarkten, um dadurch noch schneller in neuen Ländern bekannt zu werden und den Markanteil weiterhin zu steigern - Das vielfältige Portfolio der Apps weiterhin ausbauen und somit auch vermehrt Frauen anzusprechen	S-T-Strategien: - Nutzen der App (durch Aufzeigen der Kundenzufriedenheit und sehr guter Rezessionen), noch mehr hervorheben und vermarkten, um Marktanteil nicht an Discounter zu verlieren - Produktportfolio stetig erweitern und verbessern, um breit aufgestellt auf dem Markt vertreten zu sein und wettbewerbsfähig zu bleiben
Schwächen (Weaknesses)	W-O-Strategien: - Organisieren von Veranstaltungen für Nutzer und Nicht-Nutzer von Freeletics, um Bekanntheitsgrad weiter zu erhöhen (Männer bringen ihre Frauen mit) - Anbieten von analogen Inhalten in verschiedenen Sprachen, Anbieten dieser Inhalte auch in Ländern, in denen es noch keine App gibt.	W-T-Strategien: - Durch Organisieren von Veranstaltungen/Events einen klaren Vorteil zu Runtastic schaffen, um nicht von diesem Konkurrenten verdrängt zu werden - Überlegung, das Geschäftsmodell mit Boutique Studios zu erweitern, um den Kundenkontakt zu fördern. Beispiel: Tarife mit oder ohne/begrenzte Studionutzung.

2.4 BCG-Portfolio und Produktlebenszyklus

Nach dem BCG-Portfolio befinden sich Fitness-Apps im Bereich der Stars/Sterne. Sie weisen eine enorme Wachstumsrate auf und der relative Marktanteil steigt ebenso stetig an. Im Moment sind hohe Investitionen nötig, um das Wachstum weiter voran zu treiben. Nach dem Produktlebenszyklus wird Freeletics im Bereich der Wachstumsphase (3. Phase) eingeordnet. Die Entwicklung, sowie die Einführung (Phase 1 und 2), liegen bereits hinter dem Unternehmen. Freeletics unterscheidet sich von dem idealtypischen Produktlebenszyklus, da sie noch während der Wachstumsphase neue Innovationen (Relaunchs) in die App integrieren. Somit versucht das Unternehmen die Phase des Wachstums möglichst lange aufrecht zu erhalten und eine Sättigung hinauszuzögern.

2.5 Fazit

Fitness-Apps stellen, durch die stetig wachsenden Marktanteile, eine immer größer werdende Konkurrenz dar. In unserer „Wohlfühl-Gesellschaft" sind sie ein willkommenes Gut, um ohne viel Aufwand, dennoch etwas für die Gesundheit zu tun. Preislich stellen sie (im Moment noch) eine Konkurrenz, vor allem für Discounter, dar. Wie man in der SWOT-Analyse sehen konnte, weisen sie großes Zukunftspotenzial auf und werden nicht einfach verschwinden. Daher wäre es für die Fitnesskette sinnvoll, eine Kooperation mit den Anbietern solcher Apps einzugehen, oder sogar eigene interne Apps zu entwickeln. Durch das immer größer werdende Interesse an Fitness-Apps und neuer Technik im Bereich Fitness allgemein, würde die Fitnesskette ihren Mitgliedern einen großen Gefallen tun, dies auch anzubieten.

3 Corporate Identity

3.1 Interview-Analyse

3.1.1 Anzeichen, dass es bei Fitness First eine Überarbeitung der Corporate Identity gegeben hat

- Umbau und Aufrüstung der bestehenden Anlagen
- Erhöhte Förderung der Mitarbeiter durch Zusatzqualifikationen, um besseren Service anzubieten und sich dadurch von der Konkurrenz klar abzugrenzen
- Einführung des „Fitness Freitag", der das kostenlose Mitbringen eines Freundes erlaubt
- Aufbau einer eigenen Akademie, welche geprägt ist von 25 Jahren Erfahrung im Markt
- Neuaufstellung des Kursprogrammes, neue Namen der Kurse und neue Trends wie „Bike & Beats"
- Neues Design, Rebranding der Marke in neuer Farbe

3.1.2 Gründe für eine neue Ausrichtung der Corporate Identity

- Modernisierung des Unternehmens / der Marke
- Klare (stärkere) Abgrenzung zu Mitbewerbern
- Wechsel des Geschäftsmodells
- Schlechtes Unternehmens- / Markenimage

Gründe für die Neuausrichtung bei Fitness First:

- Modernisierung des Unternehmens, um „eingestaubte Studios" neu aufleben zu lassen und das Unternehmen wieder attraktiv zu machen
- Fitness First möchte sich klar von den Mitbewerbern abgrenzen und für „mehr" stehen in der Branche, daher die Weiterentwicklung zu einer Corporate Identity, die ein Alleinstellungsmerkmal aufweisen soll

3.1.3 Weitere Unternehmen, die eine Veränderung der Corporate Identity vorgenommen haben

- Kieser Training: Vor ein paar Jahren beschloss Kieser Training sein altes Image neu aufleben zu lassen. Das Unternehmen wurde mit einem Studio verbunden, in welchem nur kranke und alte Leute trainieren. Der Slogan wurde zu „Ja zu einem starken Körper." verändert und aus den gelben Farben wurde blau. Damit gelang dem Unternehmen der Aufbau eines neuen, frischeren Images, um auch jüngere Leute (Zielgruppe 30-50 Jahre) gewinnen zu können (New Business Verlag GmbH & Co. KG, 2014).

- YouTube: Nach 12 Jahren überarbeitete die Video-Plattform ihre Benutzeroberfläche. Das „Tube" im Schriftzug des Logos wurde verändert. Dieses erschien früher in einem roten Ton. Nun erscheint vor dem Schriftzug ein roter Play-Button. Damit soll die Vereinfachung der neuen Benutzeroberfläche widergespiegelt werden (Berliner Zeitung, 2017).

- Mastercard: Nach über 20 Jahren änderte Mastercard sein Logo, um die Marke moderner wirken zu lassen. Außerdem soll nun das Logo die Werte Einfachheit, Konnektivität und Nahtlosigkeit ausdrücken. Zusätzlich zum Logo wurde das „C" in Mastercard geändert. Dieses wird nun klein geschrieben. Mastercard möchte damit dem Kunden gegenüber die mit dem Unternehmen verbundene Sicherheit ausdrücken. Auch wenn sich das Unternehmen weiterentwickelt und neue Innovation einfließen lässt, steht die Sicherheit der Kunden im Vordergrund (Mastercard Incorporated, 2019).

- Subway: Nach 15 Jahren bekam Subway ein neues Logo. Grund dafür waren die Umsatzeinbuße in den vergangenen Jahren. Der Gelbton im Schriftzug wurde dunkler und soll nun wärmer und satter erscheinen. Die Umrandung des Logos verschwand und die Pfeile am Anfang und Ende des Logos wurden begradigt. Dies soll den Ausdruck der geraden Struktur von Subway verstärken. Außerdem soll das neue Logo die Frische visualisieren, für welche Subway stehen möchte (Schaffrinna, 2016).

3.2 Marktstrategien

3.2.1 Wettbewerbsstrategien

Fitness First verfolgt die Differenzierungsstrategie. Das Unternehmen möchte sich ganz klar von ihren Konkurrenten unterscheiden und sich durch ein USP (Unique Selling Proposition) abgrenzen. Dies geschieht zum Beispiel durch die Bildung der Fitness First Academy, oder auch durch das Anbieten von „Bike&Beats", als erster Anbieter in Deutschland. Sie möchten mit ihrer Qualität überzeugen und können somit einen höheren Preis (Mitgliedsbeitrag) ansetzten.

Eine weitere Wettbewerbsstrategie ist die Kostenführerschaft, als Beispiel ist hier McFit zu nennen. Hierbei wird eine Niedrigpreisstrategie verfolgt. Dabei werden die Kosten relativ niedrig und die Mitgliederzahlen (Absatzzahlen) hoch gehalten.

Die dritte Strategie ist die Nischenstrategie. Diese Strategie wird beispielsweise von Kieser Training verfolgt. Hierbei spezialisiert sich das Unternehmen gezielt auf ein Segment des Marktes. Dabei wird versucht in diesem Segment eine Kostenführerschaft, bzw. Differenzierungsstrategie zu erreichen.

3.2.2 Strategien nach der Produkt-Markt-Matrix nach Ansoff

Durch die Einführung neuer Kurse (erster deutscher Anbieter mit Bike&Beats) und allgemein neuer Angebote in den Studios, führt Fitness First auf einem bestehenden Markt, neue Produkte (Leistungen) ein. Dabei wird die Strategie der Produktentwicklung verfolgt.

Des Weiteren verfolgt Fitness First die Strategie der Marktdurchdringung. Das Unternehmen möchte auf bestehenden Märkten eine Ausweitung ihrer bestehenden Leistungen erzielen. Dies wird dadurch ersichtlich, dass das Unternehmen den Service und die Betreuung noch weiter optimiert. Außerdem wurde die Corporate Identity dahingehend verändert, effektiver Werbung machen zu können. Mit dem Image „mehr" zu bieten, als alle anderen, sollen bisherige Nicht-Kunden aktiviert werden.

4 Digitalisierung in der Fitness- & Gesundheitsbranche

Tab. 2: Digitalisierung des Studios "Kohl"

Vorschläge zur Umgestaltung	Risiken	Lösungsvorschläge
- Einführung digitaler Infopoints im Studio: Über diese Info-Points erhalten die Mitglieder sehr leicht Informationen zu Übungen, Kurszeiten oder auch Events - Einführung eines Functional Training Bereiches: Das Studio „Kohl" bietet ausschließlich klassisches Kraft- und Ausdauertraining an. Durch Einführung eines Functional Training Bereiches werden neue Kunden angesprochen und bestehende Kunden erhalten zusätzliche Leistungen - Erweiterung des Kursprogrammes: Das Kursprogramm wird durch Functional Training Kurse, sowie digitale Kurse erweitert, außerdem werden Reha Kurse mit spezifisch ausgebildeten Trainern angeboten, um gerade die ältere Belegschaft zu erreichen - Einführung einer eigenen App: Durch Einführung einer eigenen App, könnten viele Schritte erleichtert werden. Zum Beispiel könnten Trainingspläne vom Trainer direkt auf die App des Mitgliedes geschickt werden, man könnte sich digital für Kurse anmelden, oder Termine für ein Training mit Trainer anfragen	• Der Trainer gerät durch die Infopoints immer mehr in den Hintergrund und der persönliche Kontakt leidet darunter / geht verloren • Die Mitglieder nehmen das neue Equipment aus dem Functional Training Bereich nicht an, es bleibt unbenutzt und/oder die Kunden wissen nicht, wie sie es in ihr Training eingliedern sollen • Zu hohe Personalkosten des Kursbereiches, durch viele verschieden spezialisierte / lizensierte Trainer • Die App kommt bei der älteren Generation nicht so gut an, bzw. die Mitglieder wissen nicht wie sie die App zu bedienen haben, somit wird viel Geld für die Entwicklung einer App investiert, die dem Studio keinen Mehrwert bietet	➢ Es sollte ganz klar vermittelt werden, dass der Infopoint lediglich als Ergänzung dient, zum Beispiel wenn einmal kein Trainer in der Nähe ist. Außerdem könnte man einen Ruf-Button installieren, um dann den Trainer zu rufen ➢ Anbieten von Functional Training Kursen für Beginner. Somit können Anfänger in diesem Bereich das Training kennen lernen und jeder nimmt etwas für sein eigenes Training mit. ➢ Zusammenarbeit mit Firmen/Vereinen, um den Kursraum zu vermieten, wenn er selbst nicht genutzt wird. Dadurch können die Personalkosten durch zusätzliche Einnahmen ausgeglichen werden (und man muss nicht die Personalkosten senken!). ➢ Anbieten von (regelmäßigen) Info-Veranstaltungen / Workshops, um den Mitgliedern den Nutzen und die Bedienung der App näher zu bringen. Außerdem kann hierbei Feedback eingeholt werden, welches zur Verbesserung der App beiträgt.

5 Literaturverzeichnis

Arbeitgeberverband deutscher Fitness- und Gesundheitsanlagen [DSSV]. (2018). *Fitness-Trend 2018: Betriebliches Gesundheitsmanagement (BGM)*. Zugriff am 25. Januar 2019. Verfügbar unter https://www.dssv.de/presse/fitness-trends-2018/

Berliner Zeitung. (30. August 2017). *Schon bemerkt? Youtube hat ein neues Logo – zum ersten Mal seit zwölf Jahren*. Zugriff am 28. Januar 2019. Verfügbar unter https://www.berliner-zeitung.de/digital/schon-bemerkt--youtube-hat-ein-neues-logo---zum-ersten-mal-seit-zwoelf-jahren-28250740

Freeletics GmbH. (2019). *Intensive Workouts & individuelle Trainingspläne | FREELETICS*. Zugriff am 25. Januar 2019. Verfügbar unter https://www.freeletics.com/de/

Mastercard Incorporated. (2019). *The Evolution of Mastercard's Brand Identity*. Zugriff am 21. Januar 2019. Verfügbar unter https://newsroom.mastercard.com/digital-press-kits/the-evolution-of-mastercards-brand-identity/

New Business Verlag GmbH & Co. KG. (8. Januar 2014). *Kunde & Co. überarbeitet Corporate Identity von Kieser Training*. Zugriff am 28. Januar 2019. Verfügbar unter http://www.new-business.de/kommunikation/detail.php?rubric=KOMMUNIKATION&nr=646163&PHPSESSID=uccrq6b52nr2vfb7b3cnvqc234

OÖ. Online GmbH & Co.KG. (4. Mai 2017). *RUNTASTIC FEIERT NEUES BÜRO UND 110 MILLIONEN NUTZER*. Zugriff am 30. Januar 2019. Verfügbar unter https://www.nachrichten.at/nachrichten/thema/Runtastic-feiert-neues-Buero-und-110-Millionen-Nutzer;art180211,2557132

Penke, M. (8. Februar 2017). *Grafik: Freeletics' Business-Sprint zum Millionenunternehmen*. Zugriff am 28. Januar 2019. Verfügbar unter https://www.gruenderszene.de/allgemein/infografik-freeletics-chart-geschichte-unternehmen

Runtastic GmbH (2019). *Runtastic Results*. Zugriff am 31. Januar 2019. Verfügbar unter https://www.runtastic.com/de/results

Schaffrinna, A. (8. August 2016). *Subway bekommt erstmals seit 15 Jahren ein neues Logo*. Zugriff am 22. Januar 2019. Verfügbar unter https://www.designtagebuch.de/subway-bekommt-erstmals-seit-15-jahren-ein-neues-logo/

Statista GmbH. (2018). *Anzahl der Smartphone-Nutzer in Deutschland in den Jahren 2009 bis 2018 (in Millionen)*. Zugriff am 27. Januar 2019. Verfügbar unter https://de.statista.com/statistik/daten/studie/198959/umfrage/anzahl-der-smartphonenutzer-in-deutschland-seit-2010/

Tuma, T. (30. August 2017). *PROJEKT IN OBERHAUSEN - McFit plant größtes Fitnessstudio der Welt*. Zugriff am 30. Januar 2019. Verfügbar unter https://www.handelsblatt.com/unternehmen/dienstleister/projekt-in-oberhausen-mcfit-plant-groesstes-fitnessstudio-der-welt/20259274.html?ticket=ST-913436-SMNeB5weSmETYdcJicdU-ap1